후다다닥

다크엘프로 변한 바우는 델리코에 의해 원래대로 돌아오고,
슈미는 앤디 영주에게 공격당해 의식을 잃는다. 혼테일이 자신의 몸에
암리타를 옮겨놓은 것을 알게 된 주카는 경악하고, 위험한 타워로 가려다
폐허의 도시에 떨어진 도도 일행은 암슈트 부대에게 쫓겨 뿔뿔이 흩어진다.
도도는 미러몬에 빙의한 오베론의 함정에 빠지고, 라케니스에게 속아
세계수의 잎사귀를 잃게 된 델리키는 눈물로 절규한다. 한편 다친 아루루를 본
카이린은 분노하여 영혼철 샷건을 반응시키지만 생명력이 바닥나고 마는데…!

1판 1쇄 인쇄 2011년 2월 1일 | **1판 1쇄 발행** 2011년 2월 20일 | **글** 동암 송도수 | **그림** 서정은 | **발행인** 유승삼 | **편집인** 이광표 | **편집팀장** 최원영 | **편집** 이은정, 방유진, 이희진, 박수정, 오혜환, 권지은 | **표지 및 본문 디자인** 최한나, design86 | **마케팅 담당** 홍성현 | **제작 담당** 이수행 | **발행처** 서울문화사 | **등록일** 1988. 2. 16. | **등록번호** 제2-484 | **주소** 140-737 서울특별시 용산구 한강로 2가 2-35 | **전화** 791-0754(판매) 799-9171(편집) | **팩스** 749-4079(판매) 799-9300(편집) | **출력** 지에스테크 | **인쇄처** 서울교육 | **ISBN** 978-89-532-9437-0(세트) 978-89-263-9109-9

캐릭터 소개

바우
먹을 것을 위해선 어떠한 위험도 감수하며 늘 자신감이 철철 넘치는 순수 발랄 소녀.

도도
정의로움과 용기로 어려운 상황을 헤쳐나가며 메이플 최고의 전사로 거듭나고 있는 소년.

아루루
명석한 두뇌로 위기 속에서 친구들을 돕는 의리파로, 최근 주카와의 엇갈림에 안타까워함.

델리키
기억을 되찾고 아버지를 구하기 위해 옛 스승을 부활시키고자 라케니스를 뒤쫓는 마법사.

혼테일
절대적 힘을 가졌으나 현재 매우 약해진 상태로, 애절한 전생의 기억을 감추고 있는 핑크빈 제국의 황태자.

카이린
아루루를 향한 애틋한 마음으로 샷건의 위력을 온몸으로 체험하는 당당하고 씩씩한 소녀.

주카
혼테일에게 끌려온 후 그와 전생의 인연을 느껴 곁을 떠나지 못하는 와일드 카고 족의 공주.

슈미
위기 상황을 헤쳐 나가며 지혜의 눈의 힘을 되찾아 가는 착하고 순수한 세계수의 딸.

차례

새… 생명력이 제로라니…, 영주님께 뭐라고 보고하지?

말도 안 돼! 분명히 생명력이 제로였다고!

저길 봐! 다시 일어섰어!

그… 근데 쟤 상태가 왜 저러지? 뭐… 뭔가….

  4

 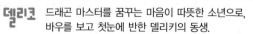

캐릭터 PLUS **델리코** 드래곤 마스터를 꿈꾸는 마음이 따뜻한 소년으로, 바우를 보고 첫눈에 반한 델리키의 동생.

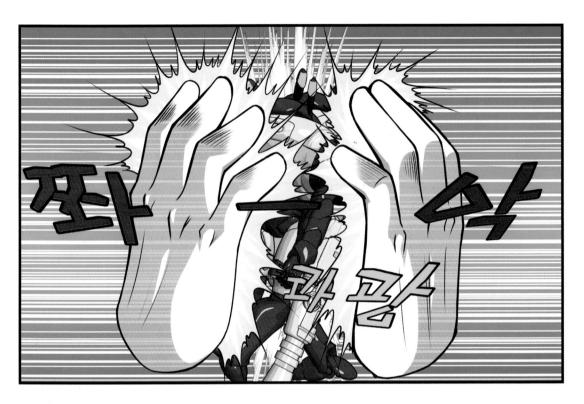

으아악~!

꾸깃!

꾸웩!

꾸깃!

 캐릭터 PLUS **라케니스** 자신의 이익을 위해서라면 친구도 배신할 수 있는, 강한 자에겐 약하고 약한 자에겐 강한 성형미인.

으이그~
아루루 이 녀석,
폭탄이 터지는 걸
온몸으로
막다니…!

내가 산호로 막아주지
않았으면 파편에 맞아
저세상으로
갈 뻔했잖아!

야! 네 안에 나도 있다는 걸 기억하고, 제발 몸 좀 소중히 다뤄! 부탁이다!

어휴~, 죽는 줄 알았네. 근데 왜 이렇게 머리가 아프지…?

카이린!!

아… 아루루…!

괜찮은 거야?!

응…. 너야말로 괜찮아?

와… 아루루, 넌 정말 최고야!!

으… 응?!

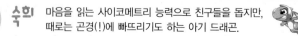 캐릭터 PLUS 숙희 마음을 읽는 사이코메트리 능력으로 친구들을 돕지만, 때로는 곤경(!)에 빠뜨리기도 하는 아기 드래곤.

네 몸은 이제
내가 접수하겠다!!

내 스킬에서
어떻게 벗어났지?
입 속에서 뱉어낸
그 빛은 또 뭐야?!

캐릭터
PLUS 　오베론　앤디의 부하로 메이플 월드를 누비며 스파이
활동을 하고 있는 인공지능 안드로이드 몬스터.

훗, 내가 평소에 이를 열심히 닦아서 빛이 좀 나거든~.

이번엔 내 차례다! 각오해라, 오베론!!

흥! 내가 전기신호 홀로그램이란 걸 벌써 잊었냐?

소드 오러!

촤아아

멍청하긴! 난 너를 모두 파악하고 있다고! 네 공격은 나한텐 안 통해~!

코메짱 현실에서 경험할 수 없는 다양한 일들을 경험하며 위기를 극복하고 친구들과 우정을 나누며 여행을 떠나는 책 〈코믹 메이플스토리〉를 보며 우리 아들도 꿈을 키운답니다. (최민기 어린이 어머니 | 안산시 상록구 사2동)

*13

애개,
겨우 이 정도?
아무 소용없다니까~!

캐릭터 PLUS **뚱스턴** 정령계에서 소환된 후 도도 일행과 함께 모험하며,
특히 델리키에게 많은 힘이 되고 있는 최고 레벨의 매직펫.

꿩 잡는 건 매!
네 전기 홀로그램도
강력한 전압의
전기 충격 앞에서는
별 수 없지~!

휴우…, 그나마
전기가 안 끊겨 있어서
다행이었어.

그 목소리가 아니었다면…, 정말 *아찔한 상황이었어.

도도!

흔들리면 안 돼!

아찔하다 : 갑자기 정신이 아득하고 어지러워서 쓰러질 듯하다.

서비스센터죠? 아침에 컴퓨터를 켰더니 눈앞이 아찔해서요.

눈곱도 안 꼈는데 그렇단 말이죠? 혹시 지금 보고 있는 게…? 예, 이메일로 성적표가 왔어요….

아르웬….

좌절과 슬픔 대신,
널 사랑하는 사람들의
따뜻한 미소를 떠올려봐!
넌 절대로 불행하지 않아!

이건 대모를 상징하는
〈무지개비늘〉이야. 이걸 혀 밑에
머금고 있으면, 위기의 순간에
널 지켜줄 거야.

아르웬에게
또 *신세를 졌구나….

 송맛사 신세 : 남의 도움을 받거나 폐를 끼치는 것.
오빠, 그동안 신세가 많았어. 이제 정령계로 떠날 거니?
아니, 앞으로는 신세 진다는 생각 없이 편하게 얹혀살려고….

아니지,
지금은 미래세계인데
아르웬이
나타날 리가….

둥실

아르웬 님이 맞아요.
전 아르웬 님의 일부니까
제 생각이 곧 아르웬 님의
생각이랍니다.

비늘이 말을…?
그럼 아까 내게
말을 건 게 너였니?

네! 분명히 아르웬 님도
저와 같은 마음이셨을
거예요.

그랬구나…. 내가
돌아가야 널 아르웬에게
보내줄 수 있을 텐데….

그런 걱정은 마세요.
도도 님을 지키는 것이
절 보내신 아르웬 님의
뜻이니까요.

캐릭터 PLUS 　몽짜　친구라고 믿었던 라케니스에게 배신당한 후,
새롭게(?) 태어나기로 마음먹은 죽음 출신의 악령.

그럼 전 이만 들어갈게요~.

그래! 정말 고마웠어.

그나저나…

저길 무슨 수로 올라가지?

흠….

소드 오러!!

겁쟁이….

도도 형… 그렇게
안 봤는데….

야, 암슈트가
그렇게 무섭디?

땅 파고 숨었다가
다 끝나니까
나오냐?!

숨다니-!!
내가 저 밑에서
얼마나…!

변명 들을
시간 없어!
양탄자에나 타.

뭐, 변명?!
나 숨은 거 아니라니까!!

어서 스캔 시작해.

아…, 정말 억울해 죽겠네!
나 진짜 죽을 뻔 했단 말이야!

안 타고 뭐 해!
또 땅 파고 숨으려고?

숙희야, 너밖에 없다.
애들한테 내 마음 좀 읽어줘, 응?

그만 좀 쫑알대!
숙희한테 방해되잖아!

나… 스캔… 그만둘래.

그봐! 너 때문에 집중이 안 된다잖아!!

코메짱 저는 〈코믹 메이플스토리〉를 읽으며 제가 이 책의 주인공이 된다면 어떨까 상상을 해봐요. 만약에 그렇게 된다면 저도 도도와 아루루처럼 멋지게 악당과 싸워보고 싶어요. (김성하 | 경기 부천시 오정구)

양탄자 주인으로부터 우리를 초대하겠다는 신호가 왔어.

양탄자 주인이라면… 위험한 타워에서 신호가 왔단 거야?

야! 너네 나 때린 거 사과 안 해?!

지금 그게 문제냐?

아, 맞다! 귀에 있는 안테나 당장 빼! 내가 그것 때문에 죽을 뻔했다고!

스르륵

*길손 : 먼 길을 가는 나그네.

오~,
과거에서 온 *길손들,
방가방가~!!

헉! 저 머리
좀 봐.

무섭게 보이려고
일부러 저렇게
했나봐.

헤어디자이너가
누군지 짱이다!

나도
보고 싶다!

우리 아이가 제일 좋아하는 책이라 한 번 손에 잡으면 읽고 또 읽는데, 그것도 모자라
캐릭터를 따라 그린 후 코팅까지 합니다! 원호는 〈코믹 메이플스토리〉의 열혈팬이에요.^^
(최원호 어린이 어머니 | 부산광역시 북구 만덕2동)

*23

내 암슈트 부대를
모조리 때려눕히고
여기까지 오느라
고생들이 많았군.
감탄했어, 원더풀~!

그런데 문득 궁금해지더라고.
그렇게 하면서까지
굳이 여길 찾아오려고 했던
이유가 뭐지?

우린 친구를
찾으러 왔다!!

아~, 친구…!
무척 감동적이군!!

아니, 난 달라!
난 네 부하 라케니스한테
용건이 있다.

그래?

라케니스-!

영주님~,
부르셨…!

무슨 용건인지 어서 말해봐!
네오시티 영주의 권한으로
*공정하게 판결해
줄 테니까….

라케니스는
나한테서 가장
소중한 것을
훔쳐갔어.
절대 용서 못 해!

이런! 엄청난
죄를 지었군.

여, 영주님, 그게
아니라요, 제가
삼켰다가 분명히
뱉었거든요….

판결을
내리겠다!

송맛사 공정하다 : 공평하고 올바르다.
아빠 말씀하셨어. 해적은 누구에게나 공정해야 한다고…. 카이린, 도도가 날 괴롭혀.
아니, 그게 아니라…. 시끄러워, 무조건 도도 네 잘못이야!

사형!

네?!

너 말고…,

너!

뭐?

이유가
궁금하지?

궁금하긴!
들을 가치도
없어!

현명하군.
이유 같은 건 없어.
내 맘이니까….

너희 모두를
없애버리겠다!!

워~워~.
아직은 아니야.
여긴 너무 좁잖아?

헛소리 말고
어서 덤벼!

이것이 바로 니벨룽겐!

*무한의 공간인 정령계를 항해할 수 있는 우주 유일의 전함이지.

송맛사

무한 : 수, 양, 공간, 시간 따위에 제한이나 한계가 없는 것.

델리코, 하늘을 봐. 저 무한한 우주 앞에서 작은 이익을 다투는 인간이란 얼마나 하찮은 존재인지….

그래서 뭐 어쩌라고요. 네 빵 내가 다 먹었다고.

말도 안 돼! 현실계의 존재가 정령계로 들어가는 방법은 오직 하나밖에 없어. 몸은 현실계에 남기고 영혼만 이동하는 유체이탈뿐. 그런데 배로 항해를 한다고?

델리코 말이 맞아. 정령계는 영혼의 세계야. 영혼이 없는 쇳덩어리 배가 어떻게 들어간다는 거지?

쇠에 영혼이 없다고 누가 그래?

뭐…?

하긴… 내 샷건의 재료인 영혼철도 영혼을 지닌 금속이라고 흑저 님이 그러셨어.

저것 봐! 앤디 영주가
니벨룽겐에 탔어!

헉, 에너지월을 뚫고 있어.

에너지월이 뭔데?

현실계와 정령계를 차단하는 벽이에요.

그 벽이 뚫리면 어떻게 돼?

에너지월이 뚫리면
현실계와 정령계를 잇는
출입구가 생기게 돼!
그럼 현실계의 인간이
그대로 정령계로…!

어서
도망쳐야 해요!

소용없어.

이미
뚫렸어!

이젠 아무도
못 벗어나!

 우리 세나는 〈코믹 메이플스토리〉를 정말 좋아해서 나올 때마다
사달라고 합니다.^^ (이세나 어린이 어머니 | 충북 제천시 신백동)

에너지월의
출입구가
닫혔어…!

현실계와 정령계를 차단하는
에너지월이 무너지기라도 한다면
순식간에 세상은 지옥으로
변할 텐데···. 앤디 영주는
제정신이 아냐!!

일이 터지기 전에
어서 살 길을
찾아야 해!

모두 손을 잡아!
절대 놓치면 안 돼!

내 말 똑똑히 들어!

정령계는 영혼의 힘이 지배하는 곳이야. 우리도 영혼을 모아 *집중하면 강한 힘을 발휘할 수 있어.

그 힘으로 여길 탈출할 수도 있는 거야?

우리의 영혼을 모두 모으면 가능할지도 몰라! 다들 정신을 집중해서 '멈춰!'라고 외쳐!!

멈춰!

송맛사

집중 : 어떤 일에 온 힘을 쏟는 것.

바우야, 넌 스스로 집중력이 있다고 생각하니?

엥? 딴 생각하느라 못 들었어.   말을 말아야지….

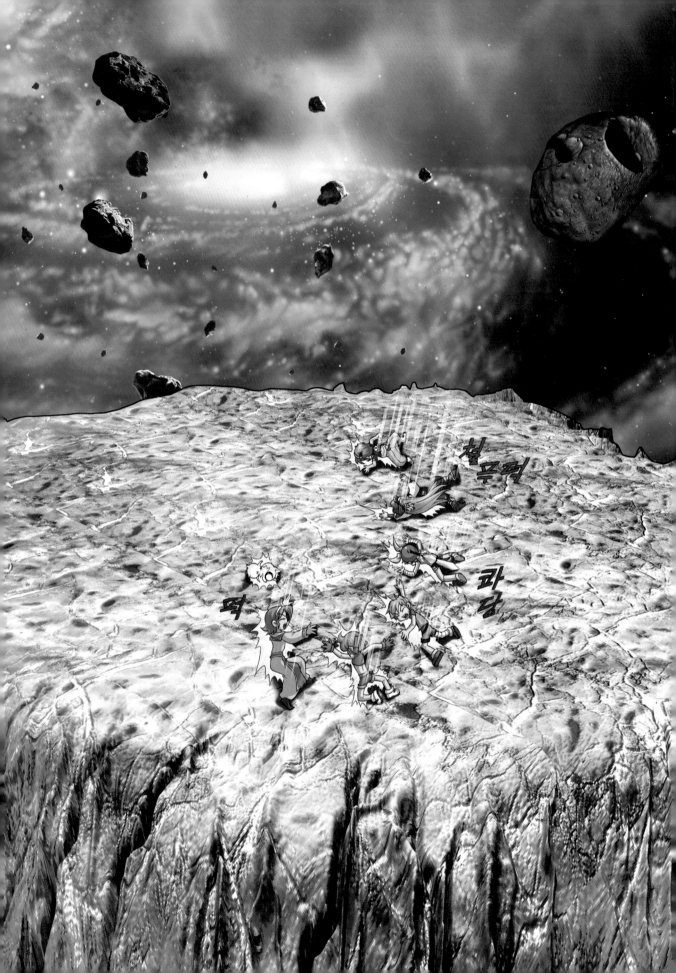

우와~ 신기하다! 정령계의 땅은 이렇게 둥둥 떠다니는 건가?!

이건 우리의 영혼을 하나로 합쳐 만들어낸 *사념체일 뿐이에요.

*사념체(思念體) : 생각으로 만들어낸 존재.

사념체…? 그럼 우리의 생각이 이렇게 커다란 땅덩이를 만들어낸 거야?

네, 그게 바로 정령계 존재의 법칙이에요.

생각만으로 뭐든 만들어 낼 수 있단 말이지?

어디 한번 시험해 볼까?

뭐야,
안 되잖아!!

그렇게 장난삼아
해서 되는 게 아니야.

사념체를 만들어
내려면 목숨을 거는
간절함이 있어야 해.

난 지금 엄청
간절한데…?!

그러고 보니…
뚱스턴은 정령이잖아!!

그럼 여기가
뚱스턴의 고향?!

잘 됐다! 우리 좀
탈출시켜줘!

그, 그게…
여긴 내가 살던 곳과는
너무 달라서….
사실 난 지금 낯선
기운들에 짓눌려서
꼼짝도 못하겠어.

그럴 수밖에~!

 위의 빈 말칸에 깜짝 놀랐나요? 앞뒤의 내용을 읽고 상상력을
발휘해 송도수 작가님이 쓰신 대사를 맞혀보세요!
송도수 작가님 대사는 43쪽에 있어요!

정령계는 무한히 넓고 복잡한 차원으로 이루어져 있지. 정령계의 가장 밑바닥인 〈중음〉에 온 걸 환영한다! 음하하핫-!

나야 뭐, 이곳에 워낙 자주 들어와 수련을 하다보니 이젠 내 집처럼 편안함이 느껴 지지만 말이야~.

*이방인 : 다른 나라에서 온 사람.

아하, 네가 뭘 좀 아는구나~! 맞아! 그래서 남의 집에서 노는 방법은 따로 있어. 바로 그 집 주인과 친해지기!

그래봤자 너도 현실계에서 온 *이방인일 뿐이야! 〈중음〉의 주인들이 순순히 *용납하지 않을걸!

용납 : 너그러운 마음으로 남의 말이나 행동을 받아들이는 것.

숑맛사
🐛 라케니스, 난 너의 배신을 용납 못 하겠어.
🐛 내가 너도 배신했었니? 하도 여러 사람을 배신하다 보니 기억이 잘 안 나네…?

이럴 수가! 귀, 귀령들이…!!

훗~, 영혼철로 이루어진 니벨룽겐의 거대한 생명에너지가 귀령들을 압도하는 게 보이지? 〈중음〉의 귀령들을 맘껏 부릴 수 있으니 여기선 뭐든 내 마음대로란 말씀~!

어때, 앤디와 함께 하는 사념체 변신 쇼를 보여줄까? 뭐든 주문만 하라고!

무서운 공룡이요~!

바우야!

뼈다귀 공룡으로….

오케이, 좀비공룡이 딱이네~! 방금 손든 어린이는 접수대에서 상품 받아가시고~, 이제 변신쇼를 시작하겠습니다!!

아싸~!!

 〈코믹 메이플스토리〉는 짝수달 20일을 기다리게 만드는 아주 특별한 책이고,
제게 희망과 꿈을 심어주는 소중한 책이기도 합니다.^^
(최진영 | 부산광역시 진구 부암3동)

자, 변신을 마쳤으니~
본격적으로 쇼를
시작해볼까?

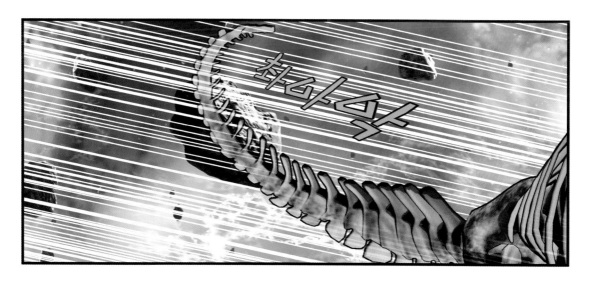

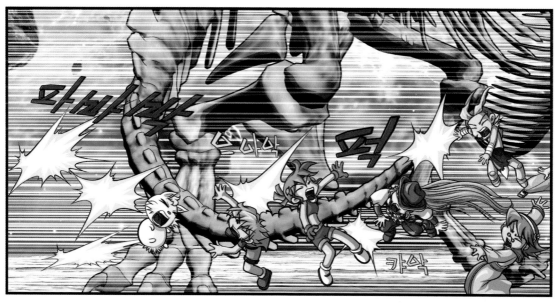

후후, 마침
귀령 친구들이
배고프다고 난리군.

쳇, 너무 시시하잖아. 하긴~
물고기가 물 밖에서 힘을 못 쓰듯,
현실계의 존재는 정령계에서
힘을 쓸 수가 없지.

그럼~
누구부터
먹어볼…?

그 발 치워!!

뭐야,
웬 드래곤?

오호라, 넌 현실계와
정령계를 넘나드는
특이한 생명체니까
멀쩡하다 이거군~.

하지만 난 너 같은
꼬맹이가 까불기에는
*벅찬 상대일 텐데…?!

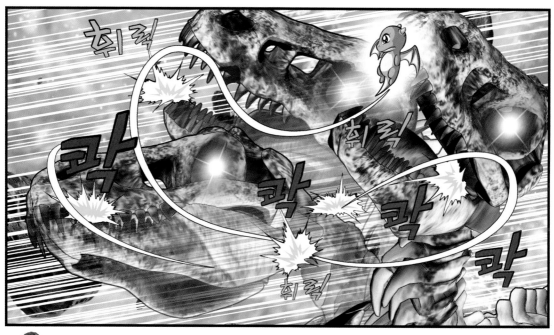

송맛사

벅차다 : 어떤 일을 하기가 힘겹다.
당신의 마음은 내가 받아들이기에 너무 벅차요.
이제야 깨달았나? 사랑이란 원래 벅찬 거야.

*49

에잇!

숙희야!

너는 특별히
제일 아프게
오도독오도독
꼭꼭 씹어주마!

사념체를 만들어
내려면 목숨을 거는
*간절함이 있어야 해.

간절하다 : 어떤 일을 바라는 마음이 몹시 강하다.
아빠가 말씀하셨어. 바다에서 조난당했을 땐, 입으로는 간절히 신께
기도하면서 손으로는 부지런히 노를 저으라고….

엄마… 보고 싶은
엄마… 얼굴도 못 보고
헤어져야 했던
그리운 울 엄마….

엄마, 도와주세요!
엄마의 힘을
저에게 보내
주세요!

저는 〈코믹 메이플스토리〉의 내용과 그림이 모두 재미있지만, 개인적으로 '화실 이야기'가
제일 흥미로워요. 서정은 작가님은 굉장히 다정다감하시고 장난치는 걸 좋아하시는 것
같아요. 기회가 되면 찾아가서 모두를 만나보고 싶어요! (라윤 | 전남 여수시 웅천동)

숙희다!
엄마 숙희야!!

쓱

솨~

꽈악

빠등
빠등

 〈코믹 메이플스토리〉는 근홍이가 늘 기다리고 기다리는 책입니다. 더불어 엄마인 저도
기다리는 책이지요. 근홍이와 제가 함께 책을 읽고 난 뒤, 서로 이야기를 나누는 것도
참 즐겁습니다. (박근홍 어린이 어머니 | 경북 구미시 고아읍)

숙희야…!

크크크…,
멍청한 녀석!
그런다고 좀비가
죽겠냐?!

좋았어! 앤디는 니벨룽겐의 힘으로 귀령을 부린댔으니까 이제 힘을 못 쓸 거야. 우리 숙희 파이팅!!

상태가 이상해!
다쳤나 봐!

숙희야!

뭐야, 내 소중한 니벨룽겐이 저놈의 드래곤 때문에 고장 났잖아!

으…, 분하지만 작전상 후퇴…

아니지, 그 전에 선물은 하나 주고 가야지~! ♪♪

 슬프고 우울할 때 읽으면 행복해지고, 행복할 때 읽으면 더 행복해지는 〈코믹 메이플스토리〉!
앞으로도 많이 만들어 주세요. 참고로 저는 '카이린'을 가장 좋아한답니다.
(한채영 | 서울 양천구 신월4동)

*탈진했지만
큰 부상은 아니에요.

다행이다. 숙희가
우릴 살렸어!

얘… 얘들아!!

*탈진 : 기운이 다 빠져 없어짐.

지이이잉

쿠콰콰쾅

그러고 보니 이것도 꽤 재밌는 방법이네. 끝없는 죽음 속을 헤매다가 귀령들에게 하나씩 잡아먹히는 고통은 장난 아니겠지?

 코메짱 〈코믹 메이플스토리〉는 기쁘고, 슬프고, 웃기고, 신비하고, 이상하고, 어리둥절하고, 흥미진진해지는 모든 감정을 경험할 수 있는 환상의 마법책입니다!^^
(이문안 | 서울 양천구 신정7동)

영주님~,
다녀오셨어요?!

피곤하니까 말 시키지 마.
정령계가 발칵 뒤집어진
*격전을 치르고 오는 길이니까.
지금쯤 꼬맹이들은 정령계에서
귀령들의 밥이 됐을걸~.

*격전 : 세차게 싸움.

근데 지건
왜 저래요…?

니벨룽겐? 살짝
고장 났을 뿐이다!
별문제 아냐.

그게 아니라,
저 구멍요!

저거 닫으셔야
되는 거 아니에요?

저건… *복원력에
의해 저절로 메워지는
건데…? 여태까진
항상 그랬는데….

복원력 : 물체가 변형되었을 때, 본래 상태로 되돌리려고 하는 힘.

송맛사

우리 캐릭터 가운데 복원력이 가장 뛰어난 사람은 누굴까?

그야 당연히 바우죠. 아무리 큰 부상을 입어도 밥만 먹이면 쌩쌩해지니까요.

그, 금이 가고 있어!!

그럼 에너지월이
무너지는 거예요?

세상의 종말이…!!

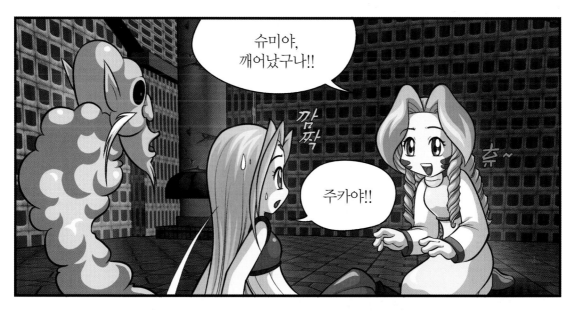

슈미야,
깨어났구나!!

깜
짝

주카야!!

츄~

몸은 괜찮아?

응, 앤디 영주한테
엄청 당한 것 같은데
이상하게 몸은
*가뜬하네…?

저분 덕분이야.

 가뜬하다 : 몸과 마음이 가벼워 기분이 좋다.
아, 잘 잤다. 복잡한 고민들이 다 사라지고 나니까 머리가 날아갈 듯 가뜬해졌어.
헉, 영주님 머리카락이… 머리카락이… 사라졌어요.

너희를
살리기 위해
자신을
희생하셨어….

희생이라니…
당치 않다.
난 살만큼 산 늙은이야.
얼마 남지 않은
내 생명으로 너흴
살렸으니 신께서도
기뻐하실 게다.

헹키 할아버지….

애들아…
마지막으로 내 부탁
하나만 들어줄 수
있겠니?

네, 뭐든지
말씀하세요.

부디… 영주님을
용서해다오.

앤디 때문에 할아버지가
이렇게 되셨는데
용서라니요!

그 안난똥은 절대
용서 못 해요!!

앤디 영주님은…
불쌍한 분이란다….

뭐야, 지진인가?

아뇨, 이건…!

차원 자체가
흔들리는 것 같아요!

신기하다~!
어디서 나는
소리야?

현실계를 둘러싼
에너지월에 문제가
생긴 게 확실해요!

무슨 소린지
알아듣게 얘기를….

혼테일!!!

어서
빠져나가!
어서-!!

안쪽에 아직 헹키
할아버지가 계셔!!

이미 늦었어!! 빨리
이곳을 빠져나가!

황태자 전하,
에너지월에 문제가
생긴 것 맞죠?

로비? 지금
어디 있는 거지?

주카 웬수님
몸예요.

왜 그곳에…?

지금 그게 중요
한 게 아니잖아요!

그래, 에너지월의
손상부터 막아야…!!

저쪽이다!

앤디, 이 정신 나간 녀석!

 ★73

야! 혼테일!

황태자 전하라고 불러. 싫으면 사촌 형님이라고 부르든가!

천만에! 난 널 절대로 황태자로 인정할 수 없어. 그건 내 자리라고!!

실력을 키울 생각은 안 하고 아직도 나에 대한 열등감으로 꽉 차 있다니… 한심하군.

뭐, 한심해?!

네가 얼마나 멍청한지 가르쳐 줄까?

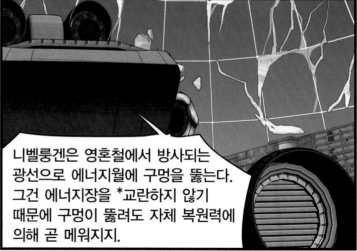

니벨룽겐은 영혼철에서 방사되는 광선으로 에너지월에 구멍을 뚫는다. 그건 에너지장을 *교란하지 않기 때문에 구멍이 뚫려도 자체 복원력에 의해 곧 메워지지.

송맛사

교란 : 일부러 마음이나 상황 따위를 뒤흔들어 어지럽히거나 뒤숭숭하게 만드는 것.
내 마음을 교란시키는 그대여! 밤마다 그대 생각에 뒤척인다오. 그대의 이름은….
혹시 나…? 통닭이여~!

하지만 니벨룽겐에 문제가 생겼을 땐 달라. 약화된 영혼철은 거친 광선을 내뿜어 에너지장을 훼손시키고 그렇게 뚫린 구멍은 쉽게 복원되지 않는다.

물론 니벨룽겐은 그럴 경우에 대비해 〈치유의 광선〉을 지니고 있지. 도대체 네가 제대로 아는 건 뭐지?

흥, 잘난 척은~! *한낱 외계 종족의 소녀한테 빠져서 제국의 대업을 팽개친 주제에…!!

*한낱 : 기껏해야 대단한 것 없이 다만.

시끄럿!

전 다음 권을 기다리는 시간이 두 달이 아니라 일 년처럼 길게 느껴져요~.
송도수, 서정은 선생님~ 힘내세요!! 도도와 친구들이 항상 무사하길 바랍니다.^^
(장대원 | 대구광역시 수성구 파동)

이건 헹키 할아버지를 해친 죄값이야!

슈미야, 한 *방으론 약해!

*방 : 주먹, 방망이 따위로 치는 횟수를 세는 단위.

이게 정말…!!

엇!

한 방 더 추가!!

으… 내 에너지는 니벨룽겐에서 나오는데…, 혼테일이 타고 앉았으니….

다들 물러서!
이제 치유의 광선으로
에너지월의 구멍을
메울 것이다.

위이잉

추가각

낄낄낄낄

내가 너무
세게 때렸나?

저딴 녀석은
더 세게
맞아야 해!!

갑자기 재미난 생각이
떠올라서 말이야~. 에너지월 너머
팽개쳐진 네 친구들이 구멍이 막혀
돌아올 수 없다는 걸 알면 어떤
표정을 지을까…?

고오오오

쿠궁

코메짱

보고 보고 또 봐도 질리지 않는 책! 〈코믹 메이플스토리〉가 나오는 날에는
아침, 점심, 저녁마다 서점을 들락거려요!^^ (김다은 | 서울 강남구 개포동)

안 돼, 혼테일!!
저 안에 우리 친구들이 있대!

자체 복원력을 잃은
에너지월의 구멍을 저대로
놔뒀다간 얼마 못 가
벽 전체가 무너진다!
고작 꼬맹이 몇 명을
살리기 위해 세상을
끝장낼 셈이냐?

혼테일, 제발…!!

비켜-!!

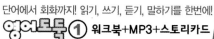

영혼의 주파수

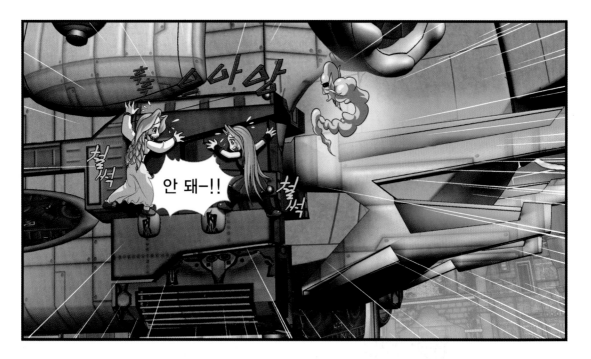

안 돼-!!

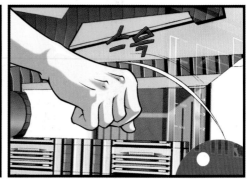

20분의 여유를 주지.
그 안에 너희 친구들이
정령계를 빠져나오지
못하면 그땐 너희가
무슨 짓을 해도
난 구멍을
메울 것이다!

쯧쯧, 나 같으면 꼬맹이들이 달라붙든 말든 〈치유의 광선〉을 쏘았을 거야.

이게 바로 너의 한계야. 이렇게 약해 빠졌으니 한낱 소녀한테 마음을 빼앗겨서….

한마디만 더 지껄이면…!

부숴 버리겠다!

로비야, 네가 혼테일한테 니벨룽겐으로 내 친구들을 정령계에서 구해달라고 부탁해줘, 응?!

소곤 소곤

안 돼요. 니벨룽겐은 영혼을 지닌 생명체라, 한차례 정령계 여행을 마치면 탈진해 버린다고요. 적어도 하루 이상 휴식을 취해야 해요.

넌 아까부터 누구랑 얘기해?

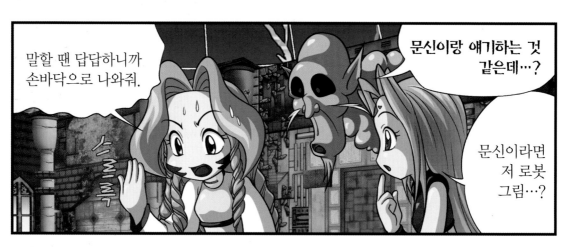

말할 땐 답답하니까 손바닥으로 나와줘.

스으윽

문신이랑 얘기하는 것 같은데…?

문신이라면 저 로봇 그림…?

그럼 혼테일이 직접 들어가는 건…? 마룡이니까 가능하지 않을까?

에이, 아무리 혼테일 님이라도 웬수님 친구분 들이 어디 있는 줄 알고 정령계에서 구해와요?

그럼 어떡해!! 애들이 스스로 빠져나오기만을 기다리고 있어야 하는 거냐고!!

근데 그게 가능하긴 한 거야?

삐질 삐질

그, 글쎄요, 답하기가 좀….

똑바로 말해봐!! 넌 모르는 게 없는 컴퓨터잖아! 내 친구들이 스스로 빠져나올 확률이 몇 퍼센트냐고?

삐걱

웬수님 친구분들이 빠져나올 확률은 정확히…

삐질 삐질

0퍼센트입니다.

크허헉

그냥 포기하세요. 무한의 공간인 정령계에서 바늘구멍만 한 출구를 찾을 확률이란… 수학적으로 *성립할 수가 없으니까요.

으아아아

주륵

주륵

성립 : 일이 이루어지는 것.

송맛사 제발 정신 좀 차려요! 와일드 카고족의 공주와 마룡이 맺어진다는 건 상식적으로 성립될 수 없는 일이라고요! 그래, 맞아! 상식적으로 성립될 수 없는 일… 그게 바로 사랑이야.

흩어지면 안 돼!
모두 손을 잡아!

멈춰-!!

엥, 이번엔 땅덩어리가
안 나타났네?

그래도
멈추긴 했어요.

모두 한곳에 모여!

이제 어떡하지…?

이렇게 끝나버리는 걸까…?

카이린, 힘내! 우리가 함께 있잖아!

모두들 각오해!!

정령계만 아니었어도….

애들아!!

결국은… 우리가… 몽짜한테…!!

오~ 노!

예전의 나로 보면 섭섭하지, 슈미 덕분에 난 이제 새 사람, 아니 새 몽짜가 됐다고~!

뭐? 그나저나 여긴 어떻게 온 거야?

너흴 구하러 왔지~!

춥고 어두운 정령계에서 얼마나 무서울까…

그것도 정령계 가장 밑바닥이라는 중음에서…

중음? 애들이 거기 있을까?

슈미 네가 그걸 어떻게 알아?

안난똥이 자랑했거든. 자기는 중음에 들어가 수련을 한다고…. 그러니까 애들도 거기 있지 않을까?

똑바로 말해! 애들 있는 곳이 중음 맞아?

 <코믹 메이플스토리>는 제가 우울할 때 항상 절 위로해주는 안식처라고니 할까요?^^
(유가영 | 서울 강동구 고덕2동)

*89

물론 중음도 무한한 공간이지만, 정령계 전체를 뒤지는 것보단 확률이 더 높다고 판단했지, 중음은 정겨운 내 고향이기도 하고~!

그래서 일단 뛰어들어왔는데 이렇게 금방 만날 줄이야!

하지만 기뻐하긴 아직 일러, 출구가 닫히기 전에 빠져나가려면 서둘러야 한다고!

그 끈은 뭐야?

나랑 슈미 사이의 *채널링이야, 이것도 사념체지.

*채널링 : 현실계의 존재와 정령계의 존재가 서로 교감하는 것.

이곳에 개구멍 만들어 놓길 잘했어. 여차하면 탈출해야 하니까.

그런데… 혼테일은 내가 헤르메스를 부수고 배신한 걸 모르는 눈치던데…. 그럼 이렇게 숨어 있을 필요가 없잖아!

몽짜… 몽짜… 몽짜… 몽짜….

슈미 정말 대단하다! 어리광쟁이인 줄만 알았는데, 몽짜와의 채널링을 훌륭히 해내고 있어.

〈지혜의 눈〉이…?!

파라파밧

엇!

왜 그래?

쭈욱

슈미가 강한 힘으로
나를 끌어당기고 있어!
어디서 이런 엄청난 에너지가…!

딴 애들은
손 잡고
있는데
왜 나만…!

쭈욱

좌악

아싸~, 그럼 더 빨리
빠져나갈 수 있겠다!

〈지혜의 눈〉이 살아났어!

그럼 저 꼬맹이가 세계수의 능력을…?!

뭐야, 이 *사태를 그냥 보고만 있는 거야? 그럼…!

송맛사

사태 : 일의 형편이나 상태.

인간에 의해 버림 받는 애완동물의 숫자가 날로 늘어나고 있어. 이런 심각한 사태에 대해 오빠는 어떻게 생각… 엇, 어디 갔지? 뚱스턴, 방금 델리키가 너 버리고 도망갔다.

*93

무슨 짓이야?!

잘한 짓이지~.
슈미가 능력을
되찾으면
좋아할 사람이
여기 너 말고
또 누가 있을까?

혼테일 님, 좋아요?

영주님은요?

나도 싫거든!!
슈미가 강해져서
반지를 뺏기면 어떡해?

이 못된…!!

슈미야, 괜찮아?

라케니스,
각오해!!

나랑 지금 이럴 시간이
있을까? 얼핏 들어보니
꼬맹이들이 위험에
처한 것 같던데….

채널링이
끊어졌으니
이제 어쩌나?

슈, 슈미야,
다시 정신을 집중해서….

못 하겠어.
머리가 깨지는
것처럼 아파.

델리키 너랑도
이제 진짜
안녕이다~!

엇, 끈이…!!

슈미한테 무슨 일이 생겼나 봐.

끈 없인 출구를 못 찾는다면서…!!

응, 불가능해.

일단 나가서 채널링을 *복구한 다음, 다시 돌아올게.

우리도 같이 갈래!

너희는 현실계의 존재라 들어온 곳을 통해서만 나갈 수 있어.

알았어. 그럼 빨리 다녀와!

이미 늦었어….

복구 : 망가지거나 부서진 것을 원래대로 고치는 것.

너는 날 망쳐놨어! 어서 원래대로 복구시켜! 매력 철철 넘치는 미소년의 모습으로 돌려놓으란 말이야! 아니면 슈미 널 지하 감방에…. 지하 감방이 어느 쪽이죠? 제 발로 걸어 들어가겠어요.

맙소사…!!

아까 그녀석들…
도망간 게 아니었나봐!

온 동네방네
친구들은
죄다
불러왔군….

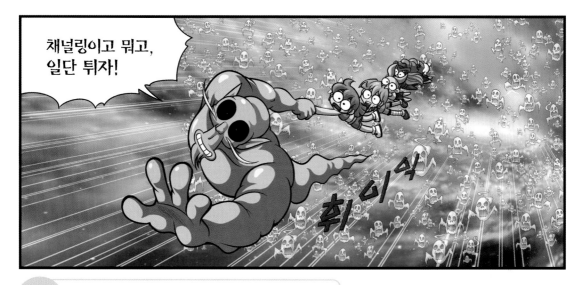

채널링이고 뭐고,
일단 튀자!

주카, 이제
그만둬.

천만에!! 약속한
시간은 아직 몇 분
더 남았어!

안됐지만
네 친구들은
포기해라!

도와줄 게 아니라면
내 눈앞에서 사라져!!

명심해!
정확히 3분 뒤에
출구를 막겠다.

로비 너 역시 날 돕지 않겠지? *비열한 혼테일의 부하니까…

말씀이 너무 심하신 것 아녜요?!

심하다고?! 마롱의 실력이면 라케니스가 슈미를 공격하는 걸 충분히 막을 수 있었을 텐데도 혼테일은 모른 척했어.

영원히 기억할 거야! 내 친구들을 정령계의 미아로 만든…, 고귀하신 황태자 전하의 비열함을…!

아, 생각났어요!!

비열하다 : 하는 짓이 떳떳하지 못하다.
비열한 자여, 어둠 속에 숨어 있지 말고 빛 아래로 나와 붙어보자!
지금 나한테 말하는 거야? 아니, 꼽등이!

*99

친구들을 구할 방법이
딱 한 가지 있긴 한데….

뭐?

<영혼공진>이요.

그게 뭔데?

모든 사물은 고유의 *주파수가 있어요. 각자의
영혼도 마찬가지고요. 만약 외부에서 날아온
어떤 주파수가 그 사물의 고유 주파수와 일치할
경우, 그 사물의 에너지는 순간적으로 폭발하듯
커지는데, 그걸 <영혼공진>
이라고 해요.

*주파수 : 전파와 음파가 1초 동안에 움직이는 횟수.

알아듣게 말해줘!!

쉽게 말해서… 중음에 떨어진 친구 중에 웬수님과 영혼을 함께 나눌 만큼 소중한 사람이 있나요?

있어!!

그럼 온 마음을 다해 그 사람을 부르세요. 만약 두 영혼의 주파수가 일치한다면, 거기서 폭발하는 엄청난 에너지가 순식간에 강력한 채널링을 만들어낼 거예요!

 가끔 아이와 다퉜을 때, 〈코믹 메이플스토리〉를 사준다고 하면 얼굴에 웃음꽃이 활짝 핍니다. 우리 아이가 정말 좋아하는 책이에요.
(최원우 어린이 어머니 | 서울 양천구 목4동)

좋았어,
해볼래!!

아루루….

생각만으로도
가슴이 터질 것
같아….

아…

루…

루….

언제까지 이렇게
도망만 쳐야 해?!

크아아아~

몰라~
나도 죽겠다고!

츄두둥

 〈코믹 메이플스토리〉는 묘한 마력을 지녔어요! 보고 또 봐도 또 보고 싶은
그런 묘한 마력말이에요~.^^ (허민영 | 경기 부천시 원미구)

*103

앞에서도
몰려와!

밑에서도야!

혁!

완전히
포위됐어!!

쿠궁

〈코믹 메이플스토리〉는 상상의 방! 기쁨의 방! 그리고 즐거움의 방~!
(나운호 | 경기 수원시 영통구)

주카, 약속한 시간은
이제 끝났어!!

뭐 해요?!
주카가 채널링하는 걸
가만히 보고만
있을 거예요?
어떻게든 막아야죠!

혼테일 님이 막지 못 하시겠다면 제가…!!

쳇, 결정적인 순간에 *미적거리는 건 여전하군.

미적거리다 : 꾸물대거나 망설이다.
더 이상 미적거리지 말고 결론을 내리자! 아루루의 여자친구는…
여자친구는… 참나~, 남자친구는 도도가 확실한데….

•109

주카!!

파앗

얘들아!!

벌떡

과당탕

 매일매일 저를 웃게 해주는 〈코믹 메이플스토리〉! 일상에서 느끼기 힘든 감정들을
이 책을 통해 경험할 수 있어서 정말 좋아요. 이 책이 영원히 존재할 수 있도록
작가님들 힘내세요! (정혜선 | 인천광역시 부평구 산곡동)

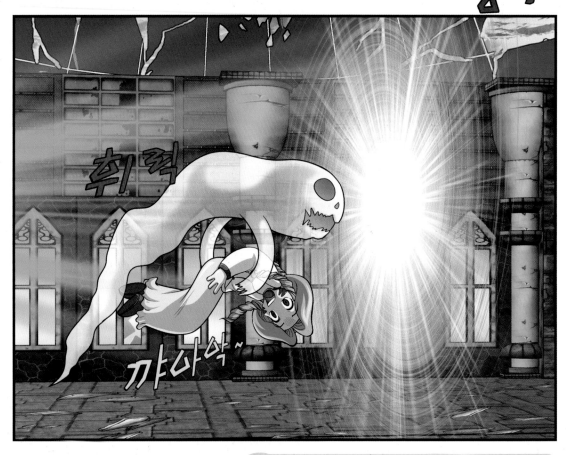

신전 강림

주카─!!

이미 늦었어!!

무슨 짓이야-?!

 〈코믹 메이플스토리〉를 읽으면 친구들과 함께 재미있는 이야기를 나눌 수 있어서 정말 좋아요. (이승오 | 강원 원주시 봉산동)

117

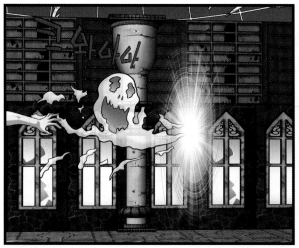

귀령들이
사라졌어!!

내…
니벨룽겐이…

죽어버렸어!

최강 무기 니벨룽겐이라도
조종자에겐 한없이 약한
영혼철이라는 걸 누구보다
잘 알면서…, 어떻게
이럴 수가…!

그깟 여자애 하나 살리려고
내 목숨 같은 니벨룽겐을 죽여?!
넌 내 영혼을 죽인 거야!
네 사촌동생 그레이트 앤디는
방금 죽었다고!!

이제 곧 위험한 타워는 사라질 거야!

이 네오시티도!

왜냐고? 이 모든 것은 니벨룽겐의 힘에서 나온 거니까!

자, 우리 모두 니벨룽겐을 따라가는 거야!

쟨 제정신이 아냐….

니벨룽겐…, 내겐 너뿐이었어. 우리 곧 다시 만나자.

영주님, 쇼는 이제
그만두셔도 됩니다.

쇼…?!

오베론은
〈시간의 신전〉
신관들이 니벨룽겐의
전기신호로 만든
존재니, 니벨룽겐의
죽음과 함께
사라졌습니다.

그게 무슨 말이에요?!
오베론은 내가 이미
죽였다고요!

?

니벨룽겐이 살아 있는 한
오베론은 절대 죽지 않아.
아마 모습을 감추고
어딘가에 숨어 있었을
거다. 하지만 *모체인
니벨룽겐이 죽었으니,
오베론 역시 살아
남을 수 없지!

*모체 : 어떠한 것이 생겨난 근본이 되는 것을 비유적으로 이르는 말.

122

오베론이 죽었다고?!
그거 잘됐군. 그동안 내 부하인 척하면서
신관들의 스파이 노릇을 하는
그 녀석을 속이느라 한시도
마음 편한 순간이 없었어.

오베론은 전기신호라
어디든 숨을 수
있었으니까요.

그게 무슨
말이지?

신관들이 어떤 존재인지 잊었어?
왜 *혈족 중에서 우리 둘밖에
안 남았는지 말이야! 백년전쟁 때…,
형은 세계수에 의해 죽었고,
난 타임게이트 공격으로
니벨룽겐과 이 시대로
오게 되었지.

*혈족 : 같은 조상으로부터 갈려 나온 친족.

형이 죽자
신관들은 본색을
드러내기 시작했어.
하지만 우리 가문의
황태자는 죽지 않고
부활한다는
전설 때문인지,
형의 자리까진 함부로
탐하지 않더군.

그래서 난 전설처럼 형을
부활시키기로 마음먹고,
시간이 날 때면 니벨룽겐을 타고
정령계로 들어갔던 거야.
그곳만은 오베론의 감시를
피할 수 있었으니까!

그리고 정령계를 통해 과거로 간 나는 파풀라투스 형을 부활시키려 한다는 걸 알게 됐어.

난 형의 안전을 위해 부활 전까진 신관들에게 이 사실을 비밀로 했지.

맞아, 가짜 세계수와 맞서기 위해 파풀라투스가 혼테일을 부활시켰어.

넌 그 모든 걸 알고 있었단 건가?

그래, 그리고 형이 이 시대로 오게 될 것도 알고 있었어.

그럼 내가 다시 과거로 돌아가면, 어떤 일이 일어날지도 알겠군.

그건 몰라. 헤르메스가 형을 미래세계로 보낸 후 300년 동안 형은 메이플월드에 존재하지 않았으니까.

듀나스 영주는 미래에 우리가 끔찍한 비극으로 끝난다고 했는데?

그 거짓말쟁이 안드로이드를 믿어? 너희에게 그 300년 동안의 시간은 존재하지 않는다고!

안드로이드 영주…? 그렇다면 메이플월드가!!

형은 혼수상태였으니 이 세상을 못 봤겠군. 모든 생명력을 신전에 빨아먹히고 버려진 그 폐허를.

신관들이 보물인 니벨룽겐을 왜 내게서 뺏어가지 않았는지 알아?

그건… 부활한 형을 내가 없앨 거라 믿었기 때문이야! 그렇게 완벽하게 연기했으니까.

희웅이가 너무너무 기다리고, 용돈을 아끼고 모아 살 정도로 사랑하는 책입니다. 〈코믹 메이플스토리〉는 희웅이에게 보물 같은 책이에요.
(강희웅 어린이 어머니 | 경기 파주시 금촌동)

내가 그동안 니벨룽겐을 지키려고
얼마나 미친 척하며 살았었는데…
이렇게 죽어버렸으니….

신관들이…?
하긴 추억의 사제까지
날 *능멸하려 했지.

*능멸 : 업신여기어 깔봄.

그들이
오고 있습니다!

어서 떠나, 형!!

니벨룽겐과 헤르메스의
마법진은 아직 살아있으니
가서 미래를 바꿔줘!!

형이 미래를 바꾸고
시간이 흘러
다시 이때가 되면
난 니벨룽겐과 함께
있을 거야.
백년전쟁 때 이 시대로
온 것처럼!

앤디, 같이 가자!
니벨룽겐이 죽은 걸 보면
널 가만두지 않을 거다.

내 형제 앤디, 기다려라.
다시 만날 때는
황제의 모습으로
널 만나마!

저에게 〈코믹 메이플스토리〉는 가족만큼 중요한 존재예요!^^
맨 마지막 장을 넘기기가 두렵답니다~. (송현준 | 경남 창원시 사파동)

혼테일이
사라졌어!

또다시 주카를
데리고 가다니!!

라케니스도
데려갔어.

셋 다 과거로
갔나봐.

우리도 빨리
과거로 돌아가자!

누구 마음대로?
너희들은
돌아갈 수 없어!

듀나스 영주가 너희를
잡아달라고 부탁한 뒤,
너희가 나온 책을 보여줬지.
근데 그 책을 보니 너희는
혼테일 형의 적이더군!

혼테일 형은 우리 황실의
희망이야! 그런 형에게
방해가 되는 너희를
살려 둘 순 없어!
이쯤에서….

코메짱 정말 재미있는 〈코믹 메이플스토리〉! 학교에 〈코믹 메이플스토리〉라는 과목이
생겼으면 좋겠어요. ^^ (백규림 | 경기 용인시 처인구)

무… 무슨 짓이야, 헹키!

혼테일 님께선
니벨룽겐도 없이
과거로 가셨습니다.

신관들에 맞서 이겨낼
힘도 아직 갖추시지 못한
*막막한 상태로 말입니다.

그러니까 방해되는
녀석들은 지금
없애두는 게 좋잖아!

막막하다 : 어떻게 해야 할지 몰라 답답하고 걱정스럽다.

아빠 나에게 해적생활을 하면서 가장 막막한 순간이 닥쳐올 것에 대해 미리 경고하셨지….
그 순간은 바로, 항해 중에 자장면이 먹고 싶을 때야!

영주님, 세상에 영원한 적은 없는 법입니다.

저 아이들을 보세요. 혼테일 님에게 비하면 보잘것없는 힘을 가진 아이들입니다.

척

하지만 저 아이들이 하나의 마음으로 뭉치면, 그땐 상상을 초월하는 엄청난 힘을 발휘할 겁니다. 혼테일 님조차 아직 승부를 못 내고 계시니까요….

하긴….
그 대단한
형이….

여기서 본 것이
바로 너희의 미래다!

그러니 미래를 바꾸기 위해선
원래의 시간으로 돌아가
무엇을 해야 할지는
너희가 더 잘 알겠지?

지금 저 애들을
과거로 돌려
보내자는 거야?

앤디 영주님은 시간을 여행한
시간여행자이십니다.
그리고 슈미에게는 타임게이트가
*링크되어 있지요.

*링크 : 두 개의 프로그램을 결합하는 일.

영주님이 도와주신다면 세계수의 딸인 슈미가 부서진 타임게이트를 되살려 과거로 돌아갈 수 있을지도 모릅니다.

그, 그렇기는 하지만….

영주님, 저 아이들을 한번 믿어보세요.

그리고 자신들의 미래를 바꿀 기회를 주세요.

그 기회는 어쩌면 혼테일 님께 니벨룽겐보다 더 큰 힘이 될 수도 있습니다.

승택이는 짜증을 내다가도 〈코믹 메이플스토리〉만 보면 바로 웃음을 짓습니다.
이 책을 볼 때면 늘 웃고 있지요. 참 신기한 책이에요. ^^
(김승택 어린이 어머니 | 서울 동작구 대방동)

좋아, 저 아이들이 형에게 힘이 될 수 있다면….

우와~ 돌아간다!

이제 과거로 가는 거야!

영주님! 서두르세요! 그들이 거의 다 도착했습니다!!

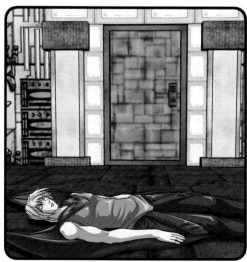

뭐, 뭐야…,
회복된 거야?!

저… 저기…,
혼테일 님…
제가 그동안
잘못한 게 많다는 건
알고 있어요.
근데… 제가…
왜그랬냐면요….

?

에이, 회복된 게
아니었잖아~.
그렇다면 내가
이 반지로 힘 좀
써야겠군!

혼테일 님, 제가 회복시켜 드리면 이번엔 그 대가로 약속 하나만 해주세요.

그러니까 혼테일 님~, 회복하실 때까지 제가 곁에서 지켜드릴게요. 아~무 대가 없이, 순수한 마음으로요!

순수한 마음? 웃기시네~!

뻥인 거 너무 티난다···,

만약에 우리가 살던 세상으로 돌아갈 수만 있다면··· 그땐 저도 꼭 데려가 주세요. 여긴 너무 불안하고 무서워요!!

흥, 나랑 한 약속은 잘도 어기면서 라케니스랑 한 약속은 정확히도 지키시네~!

코메짱

〈코믹 메이플스토리〉 때문에 짝수달 20일만 기다리게 돼요! 미래로 갈 수 있다면 책을 먼저 사 와서 읽고 싶을 정도예요.^^

(장순호 | 강원 춘천시 운교동)

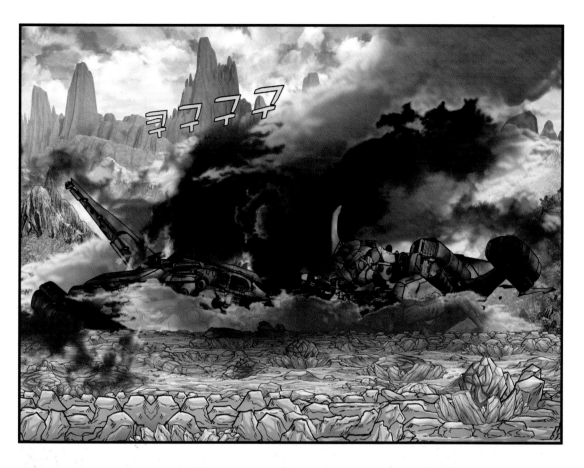

돌아왔군.

근데 헤르메스가
왜 이래요?

삐질 삐질

로비, 시간이 없다.
〈시간의 신전〉 위치부터
파악해서 보고해!

삐질

그, 그건
직접 위를
보시는 게…

쿵

초, 촌장님
아… 안녕하셨죠?

아루루, 애들이 안 보여! 우리 둘뿐이야.

뭐?

다른 애들은 다 어디로 간 걸까…?

애들아, 너희는 어디서 *뽕하고 나타난 거냐? 분명히 좀 전까진 아무도 없었….

뽕 : 1. 갑자기 나타나거나 사라지는 소리.
2. 상대의 어떤 행동이나 외모 따위에 정신이 나가거나 혼미해지는 모양.
널 본 순간 첫눈에 반했다, 뽕~! 뽕~ 갔다고요? 그런 천박한 표현을…! 아니, 뽕은 방귀 소리였어.

아…, 그보다 아직 하루가 안 지난 거 맞죠?

뭐?

그게…, 저희가 시간 가는 줄 모르고 놀았더니 혹시 오늘이 다 지나고 내일, 아님 모레가 됐을까봐 걱정돼서요….

아루루, 아직 오늘인 것 같아. 사모님 헤어스타일이 마지막에 본 거랑 똑같잖아.

하하, 그렇네. 그럼 오늘이 맞네.

얘네들… 많이 이상해진 것 같지?

그러게요. 어디서 엄청 놀았나 봐요…. 상태가….

어서 애들부터 찾아보자!

츄다닥

이제 곧
시작하겠군요.

뭘 시작한다는
거야?

그, 그게….

핑크빈 제국은 행성
사냥을 시작하기 전에
항상 특별한 *조치를
취합니다.

사냥? 지금 우릴
사냥하러 온다는 거야?

야, 넌 조용히
좀 해!

조치가 뭔지
어서 말해봐!

사냥할 행성의
주민 전체를 깊은 잠에
빠뜨리는 거죠.

짧게는 수개월,
길게는 일 년 이상을요….

잠을 재워? 왜?!

그건….

조치 : 형편을 잘 살펴서 필요한 대책을 세우는 것.
눈이 작다고 자꾸 애들이 놀려요! 송작가님, 무슨 조치를 취해주세요, 네?
그냥 네 귀를 막아라.

145

주민들 머리에 외장형 뇌소켓을 이식하기 위해서예요. 안드로이드들을 모두 투입한다고 해도 전체 주민을 대상으로 이식 작업을 하려면 그 정도의 시간이 필요하거든요.

누구 맘대로 머리에 이상한 걸 집어넣겠다는 거야!! 이 행성이 싫으면 그냥 없애버리면 될 거 아니냐고!

쓸모없다고 판단될 경우엔 그렇게 하기도 해.

주카야!

마루쿠

주카

 공부를 하다 머리가 무거워지면, 〈코믹 메이플스토리〉를 읽어요.
그럼 머리가 맑아진답니다.^^ (송현승 | 전북 전주시 완산구)

저는 이제 전하께로
건너가겠습니다.

아니….

넌 주카를 지켜라.
어떤 일이 있어도
그녀를 떠나선
안 돼.

ㅁㅁㅁㅁ♪

알겠습니다, 전하.

신전이
*강림하옵니다.
맞이하소서.

송맛사

강림 : 신이 하늘에서 인간 세상으로 내려옴.
오늘은 내 생일, 내가 하늘에서 강림하신 날이다. 누나가 뭐 신이에요? 하늘에서 내려오게….
홋~, 내가 태어나자마자 배가 너무 고파서 먹을 것을 찾아 헤매다가 병원 창문에서 떨어졌거든~!

저들은 제국을 지탱하는
3대 가문의 수장들…,
드디어 다시 만나는구나.

신들이 황태자
전하를 뵈옵니다!!

굽신

굽신

포르겟 가문 [망각의 그룹]

리그렛 가문 [후회의 그룹]

메모르 가문 [추억의 그룹]

 서연이가 사촌 오빠를 통해서 〈코믹 메이플스토리〉를 알게 된 후부터 이 책에 푹~
빠져 있습니다. 의자에 꾸욱 눌러앉아 책을 보고 또 보는 뒷모습이 너무 귀엽습니다.
서연이 꿈이 만화가가 되었어요.^^ (박서연 어린이 어머니 | 충북 청원군 오창읍)

오랜만이군. 내가 없는 동안, 제국은 평안하였는지….

시간의 여신 뤼느 님의 은총에 어찌 부족함이 있겠사옵니까! 뤼느 님과 신존 핑크빈 님의 보살핌 아래 제국은 눈부신 *번영을 거듭했사옵니다.

*번영 : 번성하고 영화롭게 됨.

그렇다면 오랜 전쟁을 승리로 이끈 황태자에게 합당한 예우를 갖춰야 할 터…. 어찌 *신존부에서는 아무도 나오지 않았는가!

*신존부 : 신존 핑크빈을 보좌하는 비서기관.

아뢰옵기 황공하오나~ 이번 전쟁에 대한 신존부의 입장은 황태자 전하의 생각과는 좀 다르옵니다.

비록 암리타를 손에 넣었으나 제국의 큰 보물인 헤르메스와 니벨룽겐을 잃었사옵고.

고작 일개 행성과의 전쟁에서 황실 정예 병력의 전멸이라는 어처구니없는….

닥치거라! 전쟁의 목적은 암리타였고, 나는 그것을 손에 넣었다. 더 이상 무슨 설명이 필요하단 말이냐!!

낄낄낄

황태자 전하, 이만 신존부로 납시옵소서. 아리엘 신녀께서 기다리시옵니다.

신존께서는
지금 명상에 드시어
뵐 수 없을 것입니다.

그보다 약속을
확인 받으러 왔소.

약속…이라
하셨습니까?

암리타를 바치면
황제의 자리를
보장하고, 몰락한
황실의 *재건을
허락한다는
약속 말이오!

송맛사

재건 : 무너진 건물이나 조직 같은 것을 다시 일으켜 세우는 것.
몽짜야, 무너진 우리의 우정을 재건하고 싶어. 내게 친구라곤~ 너 하나였는데….
흥, 내가 없으니까 외로운가보지?   아니, 배신할 친구가 없어서 너무 심심해.

전하를 다시 뵈오니
소녀는 너무나 기쁘온데
무엇이 그리 급하십니까?

오직 그 약속에
의지하여 *억겁의 세월 동안
암흑의 우주 공간을 헤맸고,
치열한 전투 끝에
결국 이루어냈소.

*억겁 : 무한하게 오랜 시간.

암리타는
어디 있습니까?

저 소녀에게 있소.

아름답군요.
하지만…,

세계수의 열매는
아니네요.

신존께서 내게
지시하신 것은
암리타뿐이었소.

하지만 암리타를 움직여
저 아득한 곳에 있는
힘의 근원에
접근할 수 있는 건
오직 세계수의
열매뿐입니다.
그걸 모르셨다니요….

그렇지만 너무 심려 마세요.
신존님께선 서둘 필요 없다고
하셨습니다. 갓 사냥한 행성의
신선한 단물을 양껏 빨아 마신 다음,
세계수의 열매를 찾기 시작해도
늦지 않다고 하셨습니다.

그러니 황실 재건은
그 후에 의논할 문제
겠지요. 그런데….

이 아이들은
전하께서 길들인
원주민 노예들인가요?

그렇소.

흐음… 모두
*범상치 않군요.

*범상치 않다 : 평범하지 않다.

이 소년은
기생생명체로부터 나오는
바다의 무한한 힘을
몸 안에 품고 있네요.

오, 영혼철과
한몸이라니. 특별한
능력을 지녔겠군요.

그리고 이 소녀는
천재적인 환술 마법
사기꾼의 *재목….

재목 : 어떤 일을 해낼 능력이 있는 사람.

우리 여자 캐릭터들 가운데 미인대회를 준비할 재목은….

저요! 그래! 대회 무대 설치할 튼튼한 일꾼을 구한다고 하니 바우가 딱이겠다.

저건…
세계수의 잎?!

영혼에서
느껴지는 기운은
분명 세계수와
거리가 먼데….
내가 잘못
봤나?

신존께서 명상을 끝내실
때까지 난 황궁에 돌아가
기다리겠소!!

뚝끔!

황궁은 현재 다른 용도로
사용하고 있사온데…,
미처 말씀을 못 드렸군요.

다른 용도라니…?

황태자 전하도 안 계신데… 황궁을 비워둘 수 없다는 의견이 많아 쓰레기장으로…

빠지직

네가 어찌 황실을 이토록 능멸하느냐! 신존부와 함께 제국을 상징하는 양대 기둥인 황궁을…!!

신존 핑크빈 님의 분부였습니다!

쿵!

이 노예들은 쓸모가 많아 보이니, 뇌소켓 시술 대신 각자의 능력에 *걸맞은 곳에 배치하겠습니다.

송맛사

걸맞다 : 서로 잘 어울리게 알맞거나 비슷하다.
전하, 황태자에 걸맞은 모습을 보이소서. 내가 뭘 어쨌다고 그래?
쫄바지 때문에 엉덩이가 튀어나왔사옵니다.

〈전투노예훈련소〉, 〈초능력노예
육성원〉, 〈마법노예양성학교〉가
적당하겠군요.

얘는 암리타를 빼고는
쓸모가 없는데
어떡한다….

그 소녀는 내가
데리고 있겠소.

알겠습니다.
시중들 시녀 한 명은
필요하실 테니….

이제 신존부 안으로
드시지요. 제 방 옆에
전하의 *처소를 마련해
놓았사옵니다.

*처소 : 사람이 기거하거나 임시로 머무는 곳.

싫소! 내가 왜 신존부에 *더부살이를 한단 말이오?

황궁은 쓰레기장이 됐다니까요!

참견하지 마시오. 내 일은 내가 알아서 할 테니….

그럼 맘대로 하세요!!

*더부살이 : 남에게 얹혀사는 일.

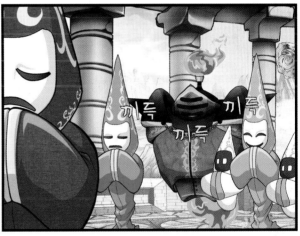

전하, 저희 가문의 노예들을 보내어 황궁을 청소해 놓겠사옵니다. 심려 마소서.

고맙소, 포르겟 가문의 옵 대신관.

엇, 여기가 어디야?

황궁이에요.

뭔 소리야? 메이플월드에 황궁이 있다는 얘긴 처음 듣….

<시간의 신전> 안에 있는 황궁이에요.

동암 송도수, 서정은 작가님! 저희들을 위해 진심을 담아 이렇게 재미있는 <코믹 메이플스토리>를 만들어 주셔서 감사합니다! (황성민 | 대구광역시 달성군 다사읍)

그럼 우리가 봤던
〈시간의 신전〉이
내려온 거야?

네.

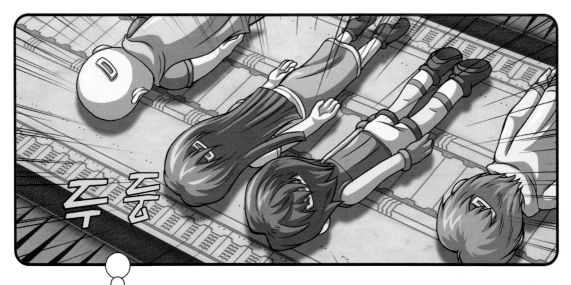

내 머리엔
뇌소켓이 없어.

네, 주카 웬수님은
황태자 전하의 시녀로
임명되셨으니까요.

〈코믹 메이플스토리〉는 저에게 비타민 같은 존재예요! 제가 언제나 응원하고
있다는 걸 잊지 마세요. 작가님들~ 파이팅! (조우담 | 경남 산청군 시천면)

·173

웃기고 있네!
내가 왜 마롱의
시녀야?

맞다!
딴 애들은 그럼…!

걱정 마세요.
뇌소켓 수술도 *면했고
모두 안전하니까요.

그게 정말이야?

하지만 다른
메이플월드
사람들은…

꼼짝없이 뇌소켓을
달고 지배당할
거야….

면하다 : 어려운 처지나 형편에서 벗어나다.
송맛사
너 지금처럼 먹다가는 돼지 신세 못 면한다.
그래서 뭐 어쩌라고! 그냥 돼지로 변신하라고…!

웬수님!
황태자 전하의 목표는
바로 이런 사태를
막는 것이었어요.

뭐?

암리타를 획득한 공으로
황실을 다시 일으키고 그 힘으로
제국의 약탈에서 메이플월드를
지키겠다는 계획을 세우셨죠.

두 둥

〈코믹 메이플스토리〉는 아이들에게 창의력을 길러주고,
감정을 풍부하게 만들어 주는 책이에요!
(최윤호 어린이 어머니│울산광역시 북구 중산동)

근데 혼테일이 왜 메이플월드를 보호해?

그건…,

저도 잘 몰라요.

모르면서 왜 떠들어? 마룡이 그런 계획을 세울 리 없잖아!!

너 아무래도 상태가 안 좋은가보다. 정신 차려!!

근데 너네 나라는 황궁에서 왜 쓰레기 냄새가 나냐?

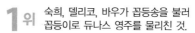

43권 재미짱 1위 숙희, 델리코, 바우가 꼽등송을 불러 꼽등이로 듀나스 영주를 물리친 것.

황태자
전하….

포르겟 가문의
옵 대신관!

둥실

그대의 친절은
잊지 않겠소.

황공하옵니다, 전하.
하지만 황궁을 지키지
못하여 송구하옵니다.

필요한 것이 있다면
말씀해 주시옵고…,

저희 포르겟 가문은
황실의 편임을
믿어주시옵소서!

43권
재미짱 **3위** 도도 일행이 안드로이드에게 정체를
숨기기 위해 얼굴 표정을 웃게 바꾼 것.

암리타를 바치면 황실의
재건을 허락하겠다던
신존 님의 약속을
꼭 지켜볼 것이옵니다.
만약 이를 어길 경우,
포르겟 가문 또한
신존 님에 대한
충성을 거둘 수밖에
없사온즉….

옵 대신관, 지금 그 말이
무엇을 뜻하는지
알고 있소?

물론이옵니다!
제국은 본래의 주인이신
〈혼〉 황실의 품에
돌아와야 합니다.

그러니 용기를
잃지 마소서….

제국 제일의
포르겟 가문이
내 편에 선다면….

아바마마,
어마마마,
지켜봐주소서!

카이린!

괜찮아?

어…, 어떻게
된 거지?

모르겠어. 분명히 눈
앞에 주카가 있었는데
그 후론 기억이….

나도 마찬가지야.
도대체 여긴 어딜까?

여자애부터 데려가!

넵!!

철컥 컥

무슨 짓이야?!

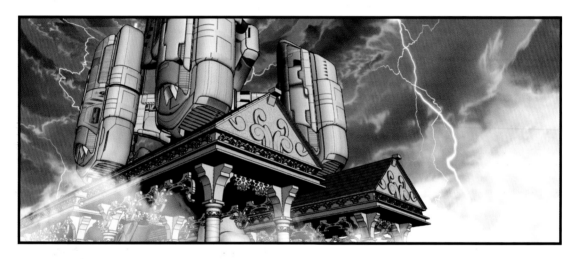

몸 안에 기생생명체를 품고 있다니, 특이한 원주민이군.

상상을 *초월한 힘과 회복력을 갖고 있으니 전투노예로선 더할 나위 없겠어요.

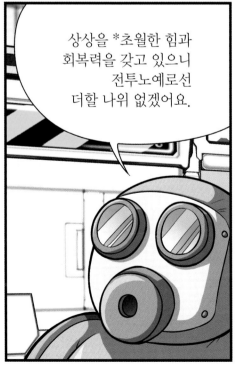

잠깐! 오른쪽 눈을 비춰보시오.

 송맛사

초월하다 : 어떠한 한계나 기준을 뛰어넘다.

훌륭한 해적선장이 되려면 상상을 **초월하는** 인내심을 가져야 한단다.   어느 정도면 되는데요?

자장면 먹을 때 친구가 한 번에 단무지 세 개를 먹어도 참는 정도는 되어야….   저 해적선장 못 될 것 같아요.

이건 몸속의 기생 생명체처럼 후천적으로 *이식된 게 아니오. 그럼 유전이란 얘긴데….

저건 마법의 눈?!

*이식 : 살아 있는 조직이나 장기를 생체로부터 떼어 내어, 같은 개체의 다른 부분 또는 다른 개체에 옮겨 붙이는 일.

저 눈의 기능이 뭘까요?

현재로선 알 수 없소.

전 이 녀석이 꺼림칙해요. 노예로 쓰기엔 너무 위험한 능력을 가지고 있잖아요.

그냥 뇌소켓을 박아 추방해 버리면 어떨까요?

그건 안 될 말! 아리엘 신녀님의 특별한 지시가 있었잖소.

제국을 뒤흔들었던
노예 반란을 벌써
잊으셨어요?!

하긴… 너무 뛰어난
노예는 위험하지.

하지만 이 능력을
그냥 버리기엔
너무 아깝소.

무슨 좋은 대책이
없을까요?

흐음….

*시술 : 의술이나 최면술 따위를 베품.

좋은 생각이 났소!
곧 *시술을 시작할 테니
준비하시오.
까다로운 시술이니
시간이 오래 걸릴 거요.

무슨…?

44권
편집후기

2011년 1월을 맞이하며 새해 다짐을 하고, 2월의 설 연휴에 한 번 더 마음을 가다듬었는데, 왠지 3월이 되면
학창시절처럼 또다시 마음가짐을 새롭게 하게 될 것 같습니다. 언제나 초심을 간직하는 사람이 되고자 노력하며
이번 〈코메〉 44권도 즐겁게 만들었습니다. 여러분도 새 마음, 새 뜻을 다시 한번 품어보는 건 어떨까요? ^^ (편집부 지니)

수백 년에 걸쳐 수천 명의 노예를 다룬 나의 모든 기술과 경험을 쏟아부어 이 노예를 *개조해 낼 것이오!

*개조 : 좋아지게 고쳐 만들거나 바꿈.

아루루에게 무슨 짓을…?!

코믹 메이플스토리 ㊺권을 기대해 주세요!

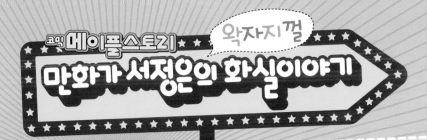

★ 너희 때문에 살 빠져!

선생님께서 원고를 안 하시니까 우리가 할 게 없잖아요!

원고를 저렇게 받아 내는구나. 다음은 내 차례…! 신입 1

팬들이 기다린다고요!! 얼른 하세요!

오오~ 저렇게…! 신입 2

나중에 바빠지기 전에 미리미리 하시라니까요!

다음은 내 순서! 신입 3

선생니임-!!

내가 너희 때문에 살 빠진다니까!!

★ 너희 때문에 살 쪄!

선생님~, 많이 힘드시죠? 이거 드시고 힘내세요!

성의를 봐서 먹어야겠지?

이렇게 늦게까지 일하세요? 이것 좀 드세요.

라면이네? 안 먹으면 불겠지?

선생님, 과자가 많은데 좀 드시겠어요?

내가 먹어줘야 안 남겠지?

빠졌던 살이 도로 다 쪘잖아….

코메 소식통

경축!!
〈코메 팬카페〉가
여러분의 사랑에 힘입어
2010 네이버 대표카페로
선정되었습니다!

〈코메소식통〉은 〈코믹 메이플스토리〉를 사랑하는
이들이 함께 만들어 가는 공간입니다. 애독자엽서와 〈서울문화사 아동기획팀〉 카페
〈http://cafe.naver.com/ismgadong〉를 통해 많이 많이 참여해 주세요~!!

1 코메 가 간식 쏜다!

간식을 받고 싶은 사연을 엽서에 적어 보내주시면
즐거운 자리에 코메가 간식을 보내드립니다. 반 친구들과 함께
기쁨을 나누고 싶다면 학교로, 가족과 함께 즐기고 싶다면 집으로
간식을 보내드려요. 또한 간식을 받은 후 기념 촬영한 사진을
편집부로 보내주시면 문화상품권(2만원)을 추가로 보내드립니다.

〈코믹 메이플스토리〉 덕분에 맛있는 피자를 먹었습니
아쉽게도 〈코믹 메이플스토리 44권〉을 못 보고 미안ㅁ
출국하지만 코메를 잊지 않을 거예요. ^^
이지우 (경기 용인시 수지구)

- ★ 응모방법 : 애독자엽서
- ★ 응모기간 : 2011년 2월 20일 ~ 2011년 3월 20일
- ★ 발표 : 2011년 4월 1일 개별 통보 후 〈서울문화사 아동기획팀〉 카페 공지
- ★ 선물 : 10만원 상당의 간식(1명)
- ★ 배송일 : 2011년 4월 10일까지

2 코메 보고 상상하자!

여러분의 상상력을 펼쳐 오른쪽 숙희 말칸에 대사를 넣어보세요.

- ★ 응모방법 : 〈서울문화사 아동기획팀〉 카페(http://cafe.naver.com/ismgadong)
- ★ 응모기간 : 2011년 2월 20일 ~ 2011년 3월 20일
- ★ 발표 : 2011년 4월 1일 〈서울문화사 아동기획팀〉 카페 공지 후 개별 통보
- ★ 선물 : 기발상 | 문화상품권 3만원(1명), 재치상 | 문화상품권 1만원(2명)
- ★ 배송일 : 2011년 4월 10일까지

델리코, 그냥
다른 애들한테도 화장실
가고 싶다고 말해!
괜찮으니까 말이야~.

기발상 | 영원한 믿음 sh2427757
http://cafe.naver.com/ismgadong/1389

http://cafe.naver.com/ismgadong
당선자 발표 확인과 〈코메소식통〉 참여는 〈서울문화사 아동기획팀〉 공식카페에서 하세요~!

3 코메랑 사진 찍자!

〈코믹 메이플스토리〉 책과 함께 즐거운 시간을 보내고 있는 사진을
찍어 〈서울문화사 아동기획팀〉 카페에 올려주세요. 덧글이 가장 많은
인기작을 뽑아 선물을 드립니다. (덧글채팅과 중복덧글을 제외한 순수덧글로 순위를 선정함.)

1등 | 호수정 hsj6515297 - 순수덧글 55개
http://cafe.naver.com/ismgadong/2654

★ **응모방법** : 〈서울문화사 아동기획팀〉 카페(http://cafe.naver.com/ismgadong)
★ **응모기간** : 2011년 2월 20일 ~ 2011년 3월 20일 ★ **배송일** : 2011년 4월 10일까지
★ **발표** : 2011년 4월 1일 〈서울문화사 아동기획팀〉 카페 공지 후 개별 통보
★ **선물** : 1등 | 문화상품권 5만원(1명), 2등 | 문화상품권 3만원(2명), 3등 | 문화상품권 1만원(3명)

4 코메한테 고민을 털어놔!

어린이 청소년 클리닉
〈행복한아이연구소〉
서천석 원장님께서 여러분의
고민을 해결해드립니다.

Q 43권 고민 사연(김지후, 초 3)
저희 반에는 친구들 사이에서 따돌림을 당하는 아이가 있는데 저는 그 아이와 친하게 지내고 싶습니다.
하지만 그 친구와 친하게 지내면 저도 다른 친구들에게 따돌림을 받을 것 같아 불안합니다. 그렇다고 저도
똑같이 그 아이를 멀리하면 저 역시 나쁜 아이가 되는 것 같은 생각이 들기도 하고요. 이럴 때는 어떻게 해야 하나요?

A 학교에서 지내다 보면 마음에 들지 않는 친구들도 있고, 같이 놀고 싶지 않은 친구들도
있습니다. 그럴 때는 속으로 싫어하고 같이 안 놀면 그만이지, 함께 편을 짜서 친구를
따돌리고 말이나 행동으로 상처를 주는 것은 비겁하고 치사한 행동입니다. 왕따쟁이들
은 자신이 괴롭힘을 안 당하려면 남을 괴롭혀야 한다고 생각합니다. 누군가 괴로워야 자기가 괴롭
힘을 안 당한다는 찌질한 생각을 하기 때문이지요. 이런 상황 속에서 지후 군이 따돌림을 당하는
친구와 놀면 왕따쟁이들이 지후 군까지 괴롭힐 수도 있습니다.
이를 막기 위해서는 두 가지를 실천해보면 어떨까요? 우선 다른 친구들이 없을 때 그 친구에게 말
을 걸고 "나는 네가 좋다."는 표현을 해보세요. 그 친구는 천사를 만난 듯 기뻐할지도 모릅니다. 그
다음으로는 비슷한 생각을 가지고 있을 따뜻한 마음을 가진 친구를 찾아보세요. 그리고 그 친구에
게 고민을 털어놓고 함께 힘을 합쳐 보세요.
세상이 발전한 것은 좋은 생각을 가진 사람들이 하나 둘 힘을 합쳐서 노력한 덕분입니다.
지후 군의 이런 노력도 따돌림을 당하는 친구를 돕고 세상을 좀 더 밝게 만드는 멋진 행동입니다.

서천석 원장님께서는 서울대학교 의과대학 및 대학원을 졸업하시고, 서울대학교병원 신경정신과
전문의 과정을 수료하신 후 현재 〈서울신경정신과〉에 계십니다.

왕따가 없는 세상을
함께 만들어요!

★ **응모방법** : 애독자엽서 ★ **응모기간** : 수시 접수 ★ **발표** : 〈코믹 메이플스토리〉 45권
(2011년 4월 20일 출간 예정) ★ **선물** : 서정은 & 송도수 작가님이 직접 사인한
〈스터디플래너〉(1명) ★ **배송일** : 2011년 4월 10일까지

〈코메 보고 상상하자!〉 또는 〈코메랑 사진 찍자!〉에 세 번 이상 당선될 경우, 이후 당선작
후보에서 제외되고 특별한 선물과 함께 〈코메소식통-명예의 전당〉에 이름이 올라갑니다.